AF339818

# RELATION

## DE LA FÊTE

## NATIONALE ET RELIGIEUSE

### CÉLÉBRÉE

Dans le Temple de Milhaud, annexe de l'Église Consistoriale de Nismes, le 12 décembre 1830.

## A NISMES,

IMPRIMERIE DE TRIQUET ET C.e,

QUAI DE LA FONTAINE.

1831.

# RELATION.



Le Dimanche 12 décembre 1830, la Garde Nationale de Milhaud s'est rendue dans le temple, à deux heures après-midi, pour y assister à un service religieux extraordinaire.

Les fidèles qui l'avaient devancée étaient en très-grand nombre; aux places réservées se trouvaient MM. le Maire et son adjoint, tous deux en costume; M. BARON, Lieutenant-Colonel de la Garde Nationale de Nismes; M. le Pasteur TACHARD, membre de la Légion-d'honneur, plusieurs officiers et soldats des Gardes Nationales à pied et à cheval de Nismes et de St-Césaire, et l'Etat-major de la Garde de Milhaud, avec MM. les Diacres de l'Église.

On remarquait dans l'assemblée beaucoup de dames, que le mauvais temps n'avait point empêchées de venir de Nismes, pour assister à cette simple mais touchante cérémonie.

Tous les soldats de la Garde Nationale formaient une ligne autour de l'assemblée; ils étaient debout et en armes.

Après une prière d'introduction, le chœur (1) a chanté les deux premiers versets du Ps. CIII. sur un air nouveau.

Ensuite M. Borrel, pasteur officiant a prononcé un discours sur le texte suivant :

## TEXTE.

*Mes bien-aimés, je vous exhorte comme des étrangers et des voyageurs, de vous abstenir des convoitises charnelles qui font la guerre à l'âme.*

*Ayant une conduite honnête parmi les gentils, afin qu'au lieu qu'ils parlent mal de vous, comme si vous étiez des malfaiteurs, ils glorifient Dieu, au jour qu'il les visitera, à cause des bonnes-œuvres qu'ils auront vues.*

*Soyez-donc soumis à tout ordre humain, pour l'amour du Seigneur ; soit au Roi, comme à celui qui est au-dessus des autres ;*

(1) Ce chœur, organisé depuis un an, est composé de trente personnes, qui toutes se distinguent autant par leur désir d'apprendre, que par leur zèle à étudier ; elles ont déjà reçu une douce récompense de leur travail assidu, en édifiant plusieurs fois les fidèles dans le culte divin. Aussi, puissent-elles persévérer toujours dans une entreprise si propre à alimenter la piété dans notre église !

*Soit aux Gouverneurs , comme à ceux qui sont envoyés de sa part, pour punir ceux qui font mal , et pour honorer ceux qui font bien.*

*Car , telle est la volonté de Dieu , qu'en faisant bien , vous fermiez la bouche aux hommes ignorans et dépourvus de sens.*

*Conduisez-vous donc comme étant libres , non en faisant servir votre liberté pour mal faire , mais comme des serviteurs de Dieu.*

*Rendez l'honneur à tout le monde. Aimez tous vos frères. Craignez Dieu. Honorez le Roi.*

I.er Épitre catholique de St.-Pierre, chap. II. versets 11. 17.

### Chrétiens,

S'il est une obligation sacrée qu'un Ministre de l'Évangile doive s'imposer dans tous les temps et surtout dans les circonstances extraordinaires où nous nous trouvons, c'est , sans contredit, de se tenir constamment en dehors de l'administration civile, et principalement, de n'embrasser avec passion aucun parti , au sujet des discussions politiques, qui dans ce moment occupent tous les esprits et remplissent tous les cœurs. — Son devoir est de prêcher *Christ*, le salut en son nom, les prérogatives de son sang et de son sacrifice ; de convier ensuite les âmes à la repentance et à la foi, et enfin, de prier pour tous les hommes afin qu'ils soient sauvés.

Aujourd'hui, ne nous écarterons-nous pas de cette obligation indispensable, en vous entretenant de ce changement universel qui s'est opéré dans notre Gouvernement civil, avec cette rapidité de l'éclair qui précède la foudre ; mais aussi, heureusement, avec ce calme réparateur qui suit d'ordinaire le plus violent orage ?

Nous ne le pensons pas. . . . . car, si dans la grande scène populaire qui a été la cause de cette révolution, la généralité de nos compatriotes, n'y admire que le dévouement héroïque de tous les habitans d'une grande cité ; pour nous, dans la simplicité de notre cœur, en nous élevant au-dessus des causes secondes, nous y voyons empreint, d'une manière ineffaçable, le *doigt* de la Providence elle-même.

Voilà pourquoi nous avons choisi la parole de Dieu pour nous guider dans nos réflexions ultérieures. — Elles ne seront donc que le commentaire abrégé des versets que nous venons de vous lire ; et d'après cela, vous devez présager d'avance, que loin d'avoir la moin-

dre intention de blesser personne par quelque
allusion amère , ou par quelque apostrophe
mortifiante , notre dessein n'est que de faire
entendre des paroles de paix et de concorde
mutuelle entre nous. . . . , et s'il est possible ,
de réconciliation avec les autres.

Puissent ces intentions n'être point mé-
connues, ni ces paroles, mal interpretées !

*Mes bien-aimés !* . . . A l'exemple de l'Apôtre, je vous donne ce titre, parce que réelle-
ment, loin d'être à *l'étroit dans mon cœur ,*
vous possédez mon affection entière ; nos re-
lations , pendant onze années consécutives ,
n'ayant eu d'autre base que la confiance réci-
proque , je n'en trouve pas d'autre qui ex-
prime mieux que celui-là , les sentimens qui
m'animent à l'égard de vous tous sans excep-
tion.

Mais c'est précisément parce que *je vous
aime*, que *je vous exhorte*, avec toute l'ins-
tance d'un cœur qui s'intéresse autant à votre
prospérité terrestre, qu'à votre salut éternel,
par Jésus-Christ , *de vous abstenir , comme
étrangers et voyageurs , des passions charnelles
qui font la guerre à l'âme.*

Ces passions agissent sans doute dans toutes les circonstances de la vie , avec une

violence d'autant plus à craindre, que nos penchans secrets, loin de les combattre, les favorisent au contraire dans leur développement ; mais c'est surtout, il faut en convenir, lorsque les événemens politiques viennent les alimenter, qu'elles exercent plus particulièrement leur pouvoir despotique sur la conscience ; alors il n'est plus possible de les vaincre, qu'avec les armes de la foi et les secours de l'esprit de grâce.

Vous n'avez pas attendu, il est vrai, jusqu'à ce jour pour entreprendre un combat, à l'issue duquel se présente une si difficile victoire. . Au milieu des dissentions les plus vives qui régnaient dans ces contrées ; pendant l'attente de la direction dubitative, que devaient prendre des événemens lointains, de la fixation desquels dépendaient pour toujours notre liberté ou notre asservissement, comme Protestans et comme Français, vous êtes demeurés calmes et impassibles ; vous n'avez opposé aux voies de la divine Providence, ni vœux indiscrets, ni provocations coupables.

Ce premier succès, mes bien-aimés, doit vous remplir d'émulation, pour vous faire travailler à en obtenir de plus réels encore. . . .

Veillez donc attentivement sur vous-mêmes,

*afin de mener une conduite honnête parmi les gentils* (1), *pour, qu'au lieu qu'ils parlent mal de vous comme des malfaiteurs , ils glorifient plutôt Dieu au jour qu'il les visitera , pour les bonnes œuvres qu'on vous verra faire.....*

Or l'apôtre va lui-même vous indiquer ces bonnes-œuvres.... Écoutez.... Il semble que ces paroles ont été écrites spécialement pour vous....

*Soyez soumis à tout établissement humain , pour l'amour de Dieu ; soit au Roi , comme à celui qui est pardessus les autres ; soit aux gouverneurs , comme à ceux qui sont envoyés de sa part pour punir les méchans et pour honorer les gens de bien.*

La soumission *aux puissances supérieurss , ( car celles qui subsistent aujourd'hui , ont été établies de Dieu. Rom. XII. 2. )*, est l'obéissance aux lois qu'elles promulguent. Voilà donc les engagemens que vous devez contracter et remplir, comme Soldats - Citoyens, non seulement par *la crainte de la punition , mais aussi par un motif de conscience. Rom.*

(1) Le lecteur n'oubliera pas que les mots *gentils, hommes ignorans et dépourvus de sens,* sont des expressions de l'Évangile.

XII. 5. Non pas seulement parce que votre repos et celui de vos familles en dépendent, mais encore par suite de votre *amour pour Dieu* et de votre zèle pour l'avancement de sa gloire. . . . Car la volonté de ce Dieu, qui pèse les destinées des Nations, et qui en règle à son gré l'agrandissement ou la ruine, est, *qu'en faisant bien, vous fermiez la bouche à l'ignorance des hommes fous, comme libres, et non pas comme ayant la liberté pour servir de voile à la méchanceté ; mais comme serviteurs de Dieu.*

Mes Frères, vous y soumettrez-vous, à cette volonté, sans restriction et sans réserve ? A l'exemple des premiers Chrétiens, qui doivent être les modèles de votre conduite, comme ils le sont de votre foi, au lieu de rendre injure pour injure, de repousser d'injustes accusations par des accusations plus malicieuses encore, aurez-vous désormais *l'œil les uns sur les autres, pour vous exciter à la charité et aux bonnes-œuvres* ? Héb. X. 24.

Eh bien ! alors, d'un côté, vous rallierez à votre cause tous les esprits sans préjugés, comme tous les cœurs sans malice ; et de l'autre, vous *fermerez les bouches* qui se plaisent à lancer contre elle et le sarcasme et l'ironie.

Tandis, au contraire, que si, transformant la liberté en licence, vous changiez votre force actuelle en instrument d'oppression, au lieu de rester, comme vous l'êtes, de véritables *serviteurs de Dieu*, vous en deviendriez les ennemis les plus coupables...

Mais non, vos sentimens sont trop connus, pour qu'il soit possible de concevoir le moindre doute sur votre conduite future.... Les autorités constituées de ce département et de cette commune ne se sont point trompées, en vous accordant leur confiance ; vous êtes incapables d'en abuser : comme Français, vous voulez, non des privilèges, non des distinctions, mais des lois justes et inviolables ; comme chrétiens, vous voulez la liberté de conscience et la même protection pour tous les cultes... Ce que vous voulez, le Pacte fondamental de notre législation le proclame, et avec la protection de Dieu, nous en jouirons tous à l'avenir, puisque, selon la déclaration du Roi lui-même, *la Charte sera une vérité.*

Quel puissant motif pour nous, *d'honorer tout le monde, d'aimer tous nos frères*, sans distinction de croyance et d'opinion, *de craindre Dieu, et d'honorer le Roi.*

Aussi, je ne crains point d'être démenti par

aucun de ceux qui se trouvent dans cette enceinte, en déclarant solennellement ici, en la présence de Dieu, que c'est l'engagement libre et volontaire , que nous contractons tous à cette heure.

Après ce vœu, d'une si grande importance , puisque, quoique prononcé sur la terre , il sera ratifié dans le ciel. . . . Vous deux (1), nouveaux magistrats de cette commune, combien votre administration va devenir facile et honorable ! . . . Car, quand on dirige des chrétiens, il n'est besoin que d'adoucir la sévérité de la loi, au lieu de l'appliquer dans toute sa rigueur ; et pour vous prouver que nous le sommes ; quoique vous apparteniez à notre congrégation religieuse ; quoique nous connaissions même les principes de piété qui vous lient si intimement à notre croyance évangélique ; quoique depuis long-temps nous soyons accoutumés à ne voir en vous que des amis et non des maîtres. . . nous vous demandons, dans votre impartiale justice , *en écoutant* vos administrés *dans leurs différends , soit entr'eux , soit avec des étrangers , de n'avoir*

______

(1) M. Marignan-Valentin , Maire , et M. Boudon père , adjoint.

*aucun égard à l'apparence des personnes.* (Deut.
I, 16. ) Nous vous demandons de ne sonder
ni les opinions, puisqu'elles sont un droit ina-
liénable des consciences, ni la foi, puisqu'elle
se trouve *un don de Dieu*, mais seulement les
actes qui émanent d'une détermination ré-
fléchie et volontaire ; car selon nous, sous le
règne d'une liberé bien entendue, il ne doit y
avoir faveur partiale pour personne, mais protection égale pour tous.

Frères bien-aimés. . . Vous avez voulu faire
de ce jour de sanctification et de prière, une
fête nationale, et dans l'espérance que Dieu ,
dans sa miséricorde, ne considérerait pas ce
désir comme contraire à sa loi immuable, je
me suis uni franchement à vous , pour lui
donner un caractère religieux.

Comme Français , j'applaudis au zèle que
vous avez déployé pour votre prompte orga-
nisation en garde civique ; j'admire les sacrifi-
ces onéreux que vous vous êtes imposés à l'envi
l'un de l'autre, dans un temps où la rigueur
de la saison et la pénurie des récoltes, sem-
blaient devoir mettre un obstacle invincible
à un si généreux dévouement ; je bénis Dieu
surtout de vous avoir animés de l'amour de
la paix et de l'ordre public.

Mais, conme serviteur de Jésus - Christ , comme Pasteur appelé *à veiller sur vos âmes et devant en rendre compte* ( Héb. XIII. 17 ), je vous demanderai encore plus que vous n'avez fait, et que vous n'êtes peut-être dans l'intention de faire......

Tournez vos yeux vers cet étendart (1), que pour la première fois vous avez apporté dans ce Temple. . . Naguère, vous êtes allés l'attendre avec autant d'impatience que d'empressement. . . Vous l'avez salué de vos acclamations. . . Vous l'avez promené en triomphe. . . Eh bien ! souvenez - vous qu'il est une autre bannière , plus honorable, parce qu'elle est divine ; plus éclatante, parce qu'elle reflète les couleurs du ciel sur la terre ; plus durable, parce qu'elle est éternelle ; sous l'ombre de laquelle vous devez vous ranger pour toujours. . . C'est celle que Jésus-Christ, votre Dieu Sauveur, a arborée sur le Calvaire, sous le nom *d'Évangile de grâce*.

Sur la vôtre, vous avez gravé ces mots : *Liberté , ordre public.*

Sur celle de votre divin Sauveur, on y trouve

(1) Le drapeau de la Garde Nationale , à l'achat duquel toutes les familles Protestantes ont contribué.

écrit : *Vous avez été appelés à la liberté ; pre-nez garde de regarder cette liberté comme une occasion de vivre selon la chair.* ( Galat. V. 13 ).

Les couleurs de la vôtre annoncent qu'un révolution salutaire s'est opérée dans notre belle patrie.

Celles dont l'Évangile du Christ est empreint d'un bout à l'autre , annoncent, de même , qu'une révolution semblable doit s'opérer dans vos cœurs, en passant, par l'influence du St.-Esprit, des ténèbres du péché à la lumière de la grâce, et de l'esclavage de la corruption à *la liberté glorieuse des enfans de Dieu.* ( Rom. VIII. 14 ).

Si donc vous êtes venus aujourd'hui m'offrir, en armes, le signe de votre régénération civile, à mon tour, je vous offre, moi, en échange, et de la part de Dieu, celui de votre régéné-ration morale en Jésus-Christ, c'est-à-dire , cet Évangile de vérité, *que Dieu , avant les siècles, avait destiné pour notre gloire.* ( 1. Cor. II. 7. )

Et, qui plus est, je vous somme de ne point donner la préférence à celui qui doit périr , sur celui qui doit durer jusqu'au siècle des siècles. Amen.

Après ce discours, M. Marignan Valentin, maire, s'est levé, et avec ce ton de simplicité et de force, qui, dans d'autres circonstances, a attiré sur lui l'attention de beaucoup de personnes instruites et religieuses, il a parlé aux Gardes-Nationaux, de l'obligation où ils étaient de maintenir l'ordre, de défendre la patrie, surtout, « *ce Roi-Citoyen qui fait* « *l'objet de notre amour, à cause de la Charte* « *qu'il a promulguée, et cette liberté que l'hé-* « *roïque population de Paris nous a acquise* « *au prix de son sang.*

Parlant dans un Temple, il a cru de son devoir de rendre un hommage public à la divinité de la religion chrétienne, de laquelle il fait une profession aussi ferme que sincère.

Ces paroles, qui ont fait couler de douces larmes, ont été suivies du chant, à trois parties, du Cantique XI, appelé *Te deum.*

M. le Pasteur Tachard est ensuite monté en chaire, et dans une prière improvisée, pleine d'onction et de chaleur, il a invoqué les bénédictions célestes sur le Roi, la Reine, les princes et les princesses de la famille Royale, sur les deux grands corps de l'État, sur le Préfet de ce département, sur les autorités constituées de cette commune, et principalement sur la Garde Nationale et ses chefs. En terminant, il a fait des vœux pour l'éloignement de la guerre , et par conséquent, pour le maintien d'une paix solideet durable.

Le service religieux a été terminé par le chant d'un cantique et par la bénédiction.

D'autres que nous parleraient des banquets patriotiques qui ont eu lieu dans la soirée ; nous aimons mieux dire que ce jour là, la collecte pour les pauvres a été quintuple des dimanches ordinaires.

*P. S.* Le 26 décembre, la Garde Nationale s'étant de nouveau rendue au temple dans le même ordre ; après le service accoutumé , M. Soulier (cet ancien et vénérable Pasteur , qui pendant un séjour de trente-cinq ans à Paris, a rendu de si grands services à toutes les Églises Réformées de France), a pris la parole, et dans une courte mais énergique allocution, il a recommandé aux soldats citoyens d'unir l'amour de la patrie à celui de la croyance de leurs pères.

Lorsqu'il a annoncé qu'il venait finir au milieu de nous une carrière si bien remplie par l'infatigable activité avec laquelle il a tra-

vaillé aux progrès des institutions philantro-
piques et religieuses, fondées au sein du pro-
testantisme, une émotion profonde s'est em-
parée des auditeurs, qui, tous, se sont trouvés
heureux de rencontrer, dans les sentimens de
ceux qui leur parlent, soit au nom de la religion, soit au nom de la loi, un accord si
unanime sans être concerté.

Imprimé aux frais du Pasteur.